# LA DATE

## DE

# TROIS IMPRESSIONS

PRÉCISÉE

## PAR LEURS FILIGRANES

(Missel Rosenthal, Les Neuf preux du Musée de Metz, Vue de Lübeck)



**Par C.-M. BRIQUET**

(Extrait du *Bibliographe moderne*, 1900, n° 2)

BESANÇON

IMPRIMERIE ET LITHOGRAPHIE DE PAUL JACQUIN

1900

# DU MÊME AUTEUR

EN VENTE A LA LIBRAIRIE H. GEORG, A GENÈVE

**Notices historiques sur les plus anciennes papeteries suisses,** dans l'*Union de la Papeterie*. Lausanne, 1883, 1884 et 1885, épuisé.

**La légende paléographique du papier de coton.** Extrait du *Journal de Genève* du 29 octobre 1884, épuisé.

**De quelques industries nouvelles dont le papier est la base.** Tirage à part du *Bulletin de la Classe d'Industrie et de Commerce de la Société des Arts*. Genève, 1885.

**Recherches sur les premiers papiers employés en Occident et en Orient, du X^e au XIV^e siècle.** Tirage à part des *Mémoires de la Société des Antiquaires de France*, tome XLVI. Paris, 1886.

**Papiers et filigranes des Archives de Gênes, 1154 à 1700,** avec 593 dessins autographiés. Tirage à part de : *Atti della Società ligure di Storia patria*, anno XIX. Gênes, 1888.

**De l'utilité des filigranes du papier et de leur signification, à propos d'un récent procès.** Tirage à part de l'*Union de la Papeterie*. Berne, janvier et février 1888.

**Le papier arabe au moyen âge et sa fabrication.** Tirage à part de l'*Union de la Papeterie*. Berne, août et septembre 1888.

**De la valeur des filigranes du papier comme moyen de déterminer l'âge et la provenance de documents non datés.** Tirage à part du *Bulletin de la Société d'histoire et d'archéologie de Genève*, tome I. Genève, 1892.

**Sur les papiers usités en Sicile, à l'occasion de deux manuscrits en papier dit de coton.** Tirage à part de l'*Archivio storico Siciliano*, n. s., anno XVII. Palerme, 1892.

**Le papier et ses filigranes ; compte rendu des plus récents travaux publiés à ce sujet.** Tirage à part de la *Revue des Bibliothèques*. Paris, 1894.

**Associations et grèves des ouvriers papetiers en France aux XVII^e et XVIII^e siècles.** Tirage à part de la *Revue internationale de sociologie*. Paris, 1897.

**Les anciennes papeteries du duché de Bar et quelques filigranes barrois de la seconde moitié du XV^e siècle.** Tirage à part du *Bibliographe moderne*. Besançon, 1898.

**Notice sur le recueil de filigranes ou marques des papiers,** présentée à l'exposition rétrospective de la papeterie (groupe XIV, classe 88), à Paris, en 1900. Genève, 1900.

# LA DATE

## DE

# TROIS IMPRESSIONS

PRÉCISÉE

## PAR LEURS FILIGRANES

(Missel Rosenthal, Les Neuf preux du Musée de Metz, Vue de Lubeck)

### Par C.-M. BRIQUET

———

(Extrait du *Bibliographe moderne*, 1900, n° 2)

———

BESANÇON

IMPRIMERIE ET LITHOGRAPHIE DE PAUL JACQUIN

—

1900

LA

# DATE DE TROIS IMPRESSIONS

## PRÉCISÉE PAR LEURS FILIGRANES

---

Les trois impressions dont il va être question n'ont aucun rapport entre elles. La première est une impression typographique, les deux autres des gravures sur bois. Leur seul point commun consiste en ce que, dans les reproductions qui en ont été faites, on a eu l'excellente idée de reproduire les filigranes des originaux. Il semble que les trois auteurs de ces fac-similés aient eu la même pensée et estimé que ces marques du papier, dont ils ne connaissaient pas toute la valeur, pourraient être utilisées par leurs successeurs et leur permettraient de préciser l'âge ou la provenance de ces monuments.

Il est certain, en effet, que chacun des filigranes du papier : ancre, pot, couronne, raisin, etc., a commencé à une date précise et qu'auparavant on ne trouve pas de papier marqué de ces figures. L'étude et la connaissance des filigranes doivent, pour chacun d'eux, conduire à la détermination de cette date, au-delà de laquelle on ne pourra pas faire remonter un document qui le porte. Sans doute, un papier peut avoir été utilisé longtemps après l'époque de sa fabrication, mais ce serait déjà beaucoup que de pouvoir fixer la date avant laquelle il n'a pu l'être. Or c'est là le renseignement qu'un filigrane peut et doit donner.

I.

**Le Missel de M. Rosenthal, attribué à Gutenberg.**

Les lecteurs du *Bibliographe moderne* sont au courant de ce

qui concerne ce très curieux incunable par les notices que lui
ont consacrées dans ce recueil MM. H. Stein et Misset. Il est sur-
prenant qu'aucun des auteurs qui ont examiné ce volume n'en
ait étudié les filigranes. M. Hupp [1] a eu le bon esprit de les reproduire, mais il ne s'en occupe pas autrement. M. Stein [2] se

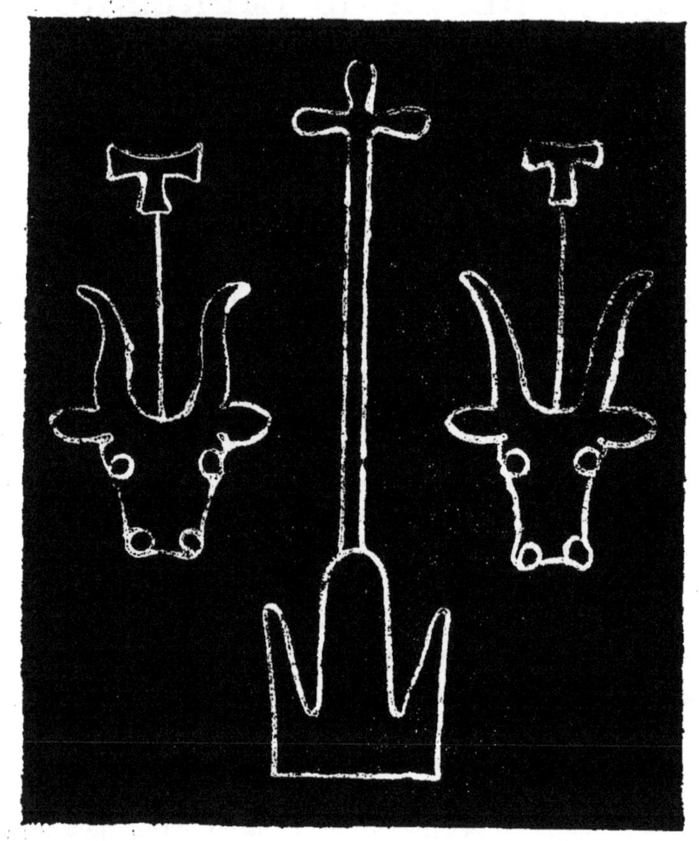

borne à dire : « Les filigranes sont communs ; ils représentent
une des nombreuses variétés du type « de la tête de bœuf » et
du type des « trois monts » surmontés d'une longue tige ter-

1. *Ein Missale speciale, Vorlaüfer des Psalteriums von 1457* (München
und Regensburg, 1898), p. 4.
2. *Bibliographe moderne*, numéro de sept.-octobre 1898, p. 300.

minée par un trèfle qu'on rencontre si fréquemment au xv<sup>e</sup> siècle. »

Il est vrai que ces deux types sont fort abondants et il était douteux qu'ils pussent fournir un renseignement précis. Nous avons tenu cependant à faire l'étude de ces deux marques, et voici à quoi nous sommes arrivé.

## I. — FILIGRANE DE LA TÊTE DE BŒUF A TRAIT PORTANT UN T

Les érudits qui ont traité des filigranes antérieurement aux incunables sont peu nombreux, et pour la plupart, ils n'ont pas trouvé la tête de bœuf au T dans la région qu'ils étudiaient. Sotheby [1] et Stoppelaar [2] ne l'ont pas signalé pour les Pays-Bas; Midoux et Matton [3] non plus pour l'Aisne et le nord de la France; Sardini [4], Urbani [5], Zonghi [6] et Barone [7] ne l'ont pas trouvé en Italie. Gutermann [8] l'a rencontré à Nuremberg en 1494, Rauter [9] en Silésie, en 1485. Ch. Schmidt [10] ne l'a donné à Strasbourg que d'après un document non daté, de la seconde moitié du xv<sup>e</sup> siècle, et dans quelques impressions de cette ville de 1486 à 1517.

M. de Likatscheff, dans son récent ouvrage en russe (*Signification paléographique des filigranes*, Saint-Pétersbourg, 1899), le signale aux dates de 1491, 1493, 1496, 1497, 1512 et 1517.

Enfin M. Piékosinski [11] l'a reproduit d'après des manuscrits

1. *Principia typographica* (Londres, 1858), t. III.
2. *Het papier in de Nederlanden* (Middelburg, 1869, in-8).
3. *Études sur les filigranes* (Paris, 1868, in-8).
4. *Esame sui principi della francese ed italiana tipografia* (Lucca, 1797).
5. *Segni di cartiere antiche* (Venezia, 1870).
6. *Le antiche carte fabrianesi* (Fano, 1884).
7. *Le filigrane delle antiche cartiere* (Napoli, 1889).
8. *Serapeum*, 1845, n<sup>os</sup> 17 et 18 : Die älteste Geschichte der Fabrikation des Leinen-Papiers.
9. *Ueber die Wasserzeichen der ältesten Leinenpapiere in Schlesien* (Breslau, 1866), dans : *Sechter Bericht des Vereins für das Museum schlesischer Alterthümer*, fil. 74.
10. *Mémoire sur les filigranes des papiers employés à Strasbourg de 1343 à 1525*, dans le *Bulletin de la Société industrielle de Mulhouse*, novembre 1877, fil. 45 à 53.
11. *Un choix de filigranes du XV<sup>e</sup> siècle*, dans: *Wiadomoses numizmatyerno-archeologierne* (Krakowie, 1896), fil. 872, 874, 875, 876.

datés de 1457, 1485 et 1491. Cette date de 1457 a lieu de surprendre ; nous y reviendrons.

Pour l'époque des incunables, le filigrane de la tête de bœuf au T a été mentionné en abondance. Jansen [1] l'a signalé à Nuremberg en 1494, à Mayence en 1485 et sous les presses de J. Mentel à Strasbourg, de M. Wenssler à Bâle et de P. Drach à Spire. Sotheby [2] l'a trouvé dans un Antéchrist xylographié auquel il donne la date de 1440-50 ; dans une impression de B. Richel (sans date) et dans deux ouvrages imprimés par Caxton en 1482 et 1483 ; puis [3] dans un incunable de Mayence de 1491 et dans deux impressions s. l. n. d. Bodemann [4] l'a mentionné à Lubeck en 1484, à Heidelberg en 1485, en Bohême en 1487, puis sous les presses de Schoiffer en 1492, dans une autre impression s. l. n. d., et à Rostock en 1476-80. Weigel et Zestermann [5] l'ont reproduit d'après deux gravures sur cuivre de Martin Schoen et une gravure criblée qu'ils estiment être de 1460 à 1475 et un incunable de Lubeck de 1489. Desbarreaux-Bernard [6] l'a signalé à Bâle, Portal [7] à Bâle en 1485 et à Nuremberg en 1488 ; enfin Castan [8] dans vingt-cinq incunables de Bâle, 1479 à 1500, de Nuremberg, 1473 à 1492, de Strasbourg (vers 1485 et sous les presses de Georg Husner), d'Heidelberg (?), 1486, de Leipzig, 1497, de Haguenau, 1500, et dans d'autres impressions s. l. n. d.

Toutes ces indications démontrent bien l'emploi du papier à la tête de bœuf au T aux débuts de l'imprimerie, mais ne permettent pas de préciser l'année à laquelle apparait pour la première fois ce filigrane, plusieurs des incunables mentionnés, et probablement parmi les plus anciens, étant sans date. Retenons

1. *Essai sur l'origine de la gravure sur bois*, etc. (Paris, 1808), fil. n<sup>os</sup> 37, 125 et 166.

2. *Loc. cit.*, pl. Q<sup>a</sup> 11 et 12, V, 3 et 6, et p. 108.

3. *Typography of the fefteenth century* (London, 1845), n<sup>os</sup> 36, 47, 94.

4. *Incunabeln der königlichen Bibliothek zu Hannover* (Hannover, 1866), n<sup>os</sup> 49 et 53.

5. *Die Anfänge der Druckerkunst* (Leipzig, 1866), fil. 414, 415, 357 et 296.

6. *Catalogue de la bibl. de Toulouse*, 1<sup>re</sup> partie, incunables (Toulouse, 1878).

7. *Catalogue des incunables de la bibl. d'Albi* (Paris, 1892), fil. n<sup>os</sup> 3 et 8.

8. *Catalogue des incunables de la bibl. de Besançon* (Besançon, 1893), n<sup>os</sup> 203, 261, 354, 206, 191, 21, 956, 216, 543, 517, 632.

cependant les deux dates les plus reculées : Nuremberg, 1473, et Rostock, 1476-1480.

Nous allons puiser maintenant dans les matériaux rassemblés en vue d'un recueil général des filigranes que nous préparons depuis plusieurs années. D'emblée nous constatons que le papier à cette marque a été extrêmement répandu ; nous en possédons une première série de 81 calques provenant de 187 documents d'archives et une seconde série d'une quarantaine provenant de plus de 80 impressions.

L'emploi de ce papier s'est étendu sur la Suisse, où on le trouve en abondance à Bâle, de 1469 à 1503 ; à Berne, de 1474 à 1489, et à la bibliothèque de cette ville, dans un manuscrit écrit en 1467 et sur lequel nous reviendrons ; à Soleure, de 1468 à 1510 ; à Porrentruy, en 1474 ; à Zurich, de 1475 à 1515. Nous ne le rencontrons pas à Fribourg ni dans la Suisse française.

En France il ne se trouve que dans les territoires voisins de Bâle et du Rhin : dans les Vosges, à Épinal en 1482, à Remiremont en 1565 (date extrême et isolée de son emploi) ; dans la Haute-Saône, à Granges, en 1507 et 1510 ; puis dans l'Alsace et la Lorraine : à Colmar de 1478 à 1519, à Ribeauvillé de 1473 à 1522, à Haguenau (impression) en 1497, à Altkirch en 1510, à Munster en 1508, à Strasbourg de 1480 à 1505, à Nancy en 1476, à Amance en 1479, à Châtel-sur-Moselle en 1469 et 1470, à Bruyère de 1483 à 1493, à Dieuze en 1500, à Preny en 1505.

En Allemagne : on le rencontre sur les deux rives du Rhin, à Constance en 1492, à Fribourg en Brisgau en 1484 et 1498 (impression), à Baden (Bade) en 1510, à Spire en 1484 (impression) et 1485, à Worms en 1495, à Heidelberg en 1490, à Mayence en 1487, à Francfort-sur-le-Mein en 1495, à Cologne en 1492 ; dans la Prusse rhénane et l'ancien électorat de Trèves : à Nideggen en 1519, à Trarbach de 1501 à 1516, à Risbach en 1505 ; en Westphalie : à Bielefeld en 1502, à Abdinghof, en 1480 et 1484, à Hildesheim en 1497, à Siegen en 1503, à Osnabrück en 1508 ; puis dans la Hesse, près de Darmstadt en 1508, à Babenhausen en 1521, à Wiesbaden en 1508 et 1511, à Cassel en 1500, à Neuweilnau en 1500, à Friedberg de 1503 à 1510, à Lichtenau en 1480 ; à Marbourg en 1497 et 1499 ; dans le Wurtemberg : à Tubingue en

1480 et à Göppingen en 1519 ; dans la Bavière : à **Nuremberg** en 1489 et 1527 (impressions), au couvent de Theres dans la Basse-Franconie en 1507, à Würzbourg et aux environs, de 1487 à 1514 ; dans la Saxe : à Dresde en 1502 et 1509, à Erfurt en 1533, à Wittemberg en 1506 (impression) et 1514, à Leipzig en 1518 (impression), à Wörlitz en 1496 et 1498 ; dans la Prusse : à Görlitz, en Silésie, de 1511 à 1515, à Berlin en 1492, à Halberstadt en 1489 et 1495, à Hanovre en 1476 et 1514-16, à Brunswick de 1467 à 1518, à Lünebourg de 1472 à 1501, à Brême en 1511 ; enfin à Gnesen (Pologne) en 1517. Par contre, nous ne l'avons trouvé ni en Autriche ni en Italie.

En résumé, au point de vue géographique, l'aire de distribution du papier à la tête de bœuf au T s'étend sur la région circonscrite entre Berne, Nancy, Cologne, Brême, Berlin, Gnesen, Breslau, Nuremberg, Constance et Zurich. On peut constater ainsi que ce papier s'écoulait surtout par la voie du Rhin et de ses affluents jusqu'à la mer, puis de là en remontant l'Ems, le Weser, l'Elbe, l'Oder et leurs affluents. Cela confirme l'hypothèse que nous avons émise jadis [1], que le papier à cette marque provient de Bâle ou des environs immédiats de cette ville.

Quant à la date, sujet principal auquel il faut revenir, on voit que les années extrêmes auxquelles ces recherches nous ont fait trouver le papier filigrané à la tête de bœuf au T sont :

*a)* 1467, dans le manuscrit de la bibliothèque de Berne portant le n° AA. 91 du catalogue de Hagen (Berne, 1874). C'est une copie des poésies allemandes de Parcival d'Eschenbach faite, ainsi que l'indique une inscription à la fin du manuscrit, par *Joh. Steinheim de Constancia, a° LXVII.* M. Blœsch, le savant et regretté directeur de la Bibliothèque, nous écrivait, peu de jours avant sa mort, qu'une autre main a ajouté : *Dies Buch ist Jörg Friburgeren von Bern, 1467,* et il pensait que, puisque la date inscrite par le copiste est la même que celle du premier possesseur, c'est que le manuscrit a été fait sur la commande de J. Friburger, magistrat assez connu et assez riche, et peut-être à Berne même.

---

1. *Union de la papeterie* (Berne, 1885), n° 2.

*b)* 1467, à Brunswick ; provient des archives municipales de cette ville, et est tiré d'une série de liasses intitulées : *Kämmerei-Rechnungen* qui commencent en 1354. La date de 1467 est celle à laquelle se rapporte le compte qui a probablement été écrit l'année suivante, en 1468.

*c)* 1468, à Soleure ; provient des archives cantonales de cette ville : *Denkwürdige Sachen*, t. III, 1466-1469. Se retrouve en 1475 et années suivantes.

*d)* 1469 et 1470, à Châtel-sur-Moselle ; provient des archives départementales de Meurthe-et-Moselle, cote B 4154-71 : *Comptes des receveurs de Châtel-sur-Moselle de 1432-1508.*

*e)* 1469, à Bâle ; provient des Archives de cette ville : *St-Peter's Stifts Rechnungen*, vol. UUl (actuellement AAA1) de 1441-1481, dans un compte de 1466 à 1469, par conséquent écrit au plus tôt en 1469. Se retrouve en 1473 et années suivantes.

*f)* 1472, à Lunebourg ; provient des archives d'État de Hanovre, cote IX. 98 : *Copialbuch de 1464-1481.* La pièce porte bien la date de 1472 et paraît être une copie contemporaine ; elle pourrait cependant être postérieure.

*g)* 1473, à Ribeauvillé ; provient des archives de district de Colmar, série H : *Comptes du couvent des Augustins de Rappoltsweiler.*

*h)* De 1474, à Berne ; provient des archives cantonales de Berne : *Correspondances originales. Lettres écrites du territoire de Berne*, t. I, *1453-1500.* C'est la date la plus ancienne à laquelle nous ayons trouvé ce filigrane aux archives de Berne où il est fréquent pendant une quinzaine d'années, puis disparaît pour être remplacé par la marque de l'ours, armoiries de la ville et filigrane de la papeterie bernoise de Thal.

*i)* 1474, à Porrentruy ; provient de K. K. Oesterreichisches : Haus-Hof- und Staats-Archiv à Vienne : collection intitulée *Fredericiana n° 3, de 1472-74*, sur une lettre de l'évêque de Bâle.

*k)* 1475, à Zurich ; provient des archives cantonales de cette ville : *Rath- und Richtsbuch n° 40*, de 1474-75, protocole original des séances.

*l)* 1476, à Nancy ; provient des archives départementales de Meurthe-et-Moselle, B 972 : *Comptes du receveur général de*

*Lorraine pour 1476* : probablement écrit l'année suivante.

*m)* 1476, à Einsbeck ; provient des archives d'État de Hanovre, cote V. 87 : *Copialbuch des Stiftes Alexandri zu Einsbeck 1434-1504.* Copie peut-être contemporaine d'un document daté de 1476.

Revenons maintenant aux documents signalés précédemment et qui auraient une date antérieure à 1467. Que peut-on dire de l'*Antechrist* que Sotheby date de 1440 à 1450 ? Rien, sinon que cette estimation est individuelle, hasardée, et qu'elle aurait besoin d'être étayée par des raisons solides. Même observation au sujet des deux gravures sur cuivre de Martin Schoen. On sait que cet artiste mourut en 1486. Ces deux planches sont donc antérieures à cette année, mais il est impossible d'en fixer la date avec certitude. De même pour la gravure criblée que Weigel et Zestermann datent de 1460-1475. C'est une appréciation personnelle, qui n'est qu'approximative. Il ne reste donc plus, antérieurement aux documents manuscrits de Berne, 1467, et de Brunswick, 1468, que le manuscrit dont M. Piekosinski tire son filigrane n° 872, et auquel il donne la date de 1457. Ce manuscrit provient de la bibliothèque Jagellone, à Cracovie, mais la cote n'en est pas indiquée. Nous pensions qu'il y avait là une erreur de date, tant paraissait anormal l'emploi, en Pologne, d'un papier de provenance étrangère, dix ans avant l'époque où on commence à l'employer dans son pays d'origine et une trentaine d'années avant le moment où on le retrouve dans d'autres manuscrits indigènes. Nous avons donc écrit à M. le professeur Piekosinski, qui nous répond que ce filigrane est certainement de 1457 [1]. Il provient d'un document renfermant les procès-ver-

1. « Das fragliche Wasserzeichen stammt ganz bestimmt aus dem Jahre 1457. Es ist nämlich in einer Handschrift vorhanden, welche Aufzeichnungen des Schöppengerichtes von Golesz (heute Kolaczyse in Galizien) in sich fasst. Da diese Aufzeichnungen stets an dem selben Tage in das Schöppenbuch eingetragen wurden, an welchem das Schöppengericht seine Sitzung abgehalten hat, so unterliegt es gar keinen Zweifel dass der Bogen Papier mit jenem Zeichen noch im Jahre 1457 zu Aufzeichnungen verwendet wurde. Im schlimsten Falle könnten die Aufzeichnungen in das betreffende Schöppenbuch später, das ist nachträglich eingetragen sein.... Ich bemerke noch dass jenes Wasserzeichen nur ein einziges Mal in der betreffenden Handschrift vorkommt. »

baux du tribunal échevinal de Golesz (aujourd'hui Kolaczyse en Galicie). On ne l'y trouve qu'une fois.

Bien que M. Piekosinski reconnaisse qu'il est possible que la transcription de cette note ne soit pas absolument contemporaine, cependant nous ne ferons aucune difficulté, sur son verdict, d'admettre cette date de 1457 qui est la plus reculée à laquelle on ait jusqu'ici rencontré ce filigrane.

### II. — LES TROIS MONTS SURMONTÉS D'UNE HAUTE CROIX FORMÉE PAR UN DOUBLE TRAIT

Le filigrane des *trois monts* est d'origine italienne. Ses premiers spécimens, de la première moitié du xive siècle, sont dépourvus de croix. Muni de cet ornement formé par un trait simple et souvent enfermé dans un cercle, on le trouve pendant un siecle et demi à partir du milieu du xive siècle.

Les variétés du filigrane des *trois monts, surmontés d'une croix formée par un double trait*, paraissent aussi, pour la plupart, de provenance italienne. On les rencontre à partir de 1444 jusque vers 1527, en dimensions variables, allant de 70 à 140 millimètres de haut, à Venise, Udine, Trévise, Padoue, Brescia, en Bavière et en Autriche. Mais nous sommes porté à croire qu'on en a fait, de l'autre côté des Alpes, une imitation à laquelle appartiendrait le filigrane du *Missel*. Cette imitation, qui se reconnaît surtout à la fixité de sa forme et qui mesure, de la base au sommet de la croix, de 91 à 94 millimètres, se maintient, sans variation sensible, jusqu'à la fin du xve siècle. On ne la trouve plus au siècle suivant.

Sotheby [1] a trouvé du papier à cette marque sous les presses de P. Schoiffer à Mayence, 1474; Desbarreaux-Bernard [2], à Bâle, en 1493 et 1497 ; Portal [3] également à Bâle, mêlé avec le papier à la tête de bœuf au T ; Castan [4], enfin, le signale dans plusieurs incunables bâlois allant de 1479 à 1496. Ch. Schmidt [5] ne donne pas

1. *Typography of the XV century*, n° 85.
2. *Catalogue de la biblioth. de Toulouse*, 1re partie, incunables (Toulouse, 1878), pl. IV, fig. 49.
3. *Loc. cit.*, pl. 1, n° 3.
4. *Id.*, n°s 261, 906, 211, 647, 972, 768.
5. *Idem.*

cette variété parmi les filigranes des trois monts qu'il a rencontrés à Strasbourg, mais M. P. Heitz, qui a fait une étude approfondie des incunables de cette ville, nous écrit qu'il l'a relevée, de même que la *tête de bœuf au T*, sous les presses de Husner, dès 1473, et d'Eggestein en 1471, peut-être même déjà en 1466 (impression non datée). M. de Likatscheff (*loc. cit.*, fil. 1180 et 1181) en reproduit deux variétés de 1493.

Nos recherches personnelles nous ont fait rencontrer la marque des *trois monts surmontés d'une croix à double trait de 91 à 94 millimètres de haut :*

*a)* En 1464, à Darmstadt ; provient des archives d'État de cette ville : *Protocoles de justice des environs de la ville, n⁰ 1* ; de 1416-1483 ; procès-verbaux originaux.

*b)* En 1469, à Bâle ; provient des archives cantonales de cette ville : *Sᵗ Peter's Stifts Rechnungen*, vol. UU 1 (actuellement AAA 1.) de 1441-1481, dans le compte de 1466-1469, où se trouve également le papier à la tête de bœuf au T ; puis en 1486, 1489 et jusqu'en 1499.

*c)* En 1470, à Würzbourg : *Collection de papiers filigranés* formée par feu le professeur Reuss et conservée à la Bibliothèque de l'Université ; provenance non indiquée.

*d)* En 1470, à Marbourg ; provient des Archives d'État : *Comptes de la ville* commençant en 1451 ; puis en 1471, 1479 et 1499.

*e)* En 1471, à Lunebourg ; provient des Archives d'État de Hanovre, *Copialbuch der Herzoge von Luneburg*, cote IX. 98, de 1464-1481 ; copie, probablement contemporaine, d'un document de 1471.

*f)* En 1472, à Hambourg ; provient des Archives de la ville : cote VII Dᵈ, n⁰ 4. *Denkbücher*, tome II de 1469-1476.

*g)* Enfin à Hildesheim en 1477, à Saint-Dié en 1477, à Berne en 1478, à Manderscheid-sur-la-Moselle en 1480, à Stromberg (Trèves) en 1481, à Cologne en 1485, à Strasbourg et à Wiesbaden en 1486, à Hanovre en 1488, à Brunswick en 1492, à Hallstatt en 1493, à Soleure en 1494 et 1499, et à Worms en 1495.

La distribution géographique du papier filigrané aux *trois monts surmontés d'une haute croix à double trait* est analogue à celle du papier à la *tête de bœuf au T*, quoique moins étendue, peut-être parce que l'emploi en a été plus court. Les deux papiers sont très souvent mêlés dans le même manuscrit ou la même impression. Ils semblent donc provenir de la même région et être contemporains. Le filigrane des *trois monts*, dans la variété où on le trouve dans le *Missel*, est même postérieur à celui de la *tête de bœuf au T*, puisque son plus ancien spécimen est de 1464.

Depuis que ces lignes sont écrites, nous avons appris que M. Keinz, bibliothécaire à Munich, avait trouvé un filigrane aux trois monts surmonté d'une croix formée par un double trait dans le manuscrit nº 12296 de la Bibliothèque royale de Munich, daté de 1446 et provenant du couvent de Raitenbuch (Bavière). Cette marque mesure 100 millimètres de haut et n'est pas identique à celle du *Missel*. Elle nous parait appartenir à la série des filigranes de dimensions variables de provenance italienne mentionnée plus haut, et dont nous possédons des spécimens dès 1444 (provenant de Würzbourg et de Nuremberg). Une étude minutieuse et comparative de ces différents papiers pourrait seule (et encore n'est-ce pas sûr) trancher la question.

Pour conclure, en résumant ce qui précède, nous dirons que le filigrane des *trois monts surmonté d'une croix formée par un double trait, d'une hauteur totale de 91 à 94 millimètres*, ne se rencontre pas avant 1464. On pourrait donc soutenir que le *Missel* de M. Rosenthal n'est pas antérieur à cette date. Toutefois, comme on rencontre dès 1444 d'autres variétés du même filigrane ne différant de celui du *Missel* que par leurs dimensions un peu plus grandes, il est prudent de ne pas insister trop sur le filigrane des *trois monts*. En revanche, le papier filigrané à la *tête de bœuf au T* est décisif. Il apparait pour la première fois et au plus tôt en 1457, de sorte que, dans l'état actuel de nos connaissances, on ne saurait faire remonter au delà de cette date l'impression du *Missel* de M. Rosenthal. Si l'on rapproche cette conclusion, tirée de l'étude des filigranes, de celle à laquelle est arrivé M. l'abbé Misset, à savoir qu'au point de vue liturgique ce volume ne saurait être postérieur au 30 août 1468, on aura les limites extrêmes entre lesquelles peuvent osciller les appréciations : à savoir 1457 et 1468.

## II.

### La gravure des neuf preux du musée de Metz.

La seconde impression dont nous avons à nous occuper n'est point un incunable. Ce sont des fragments d'une série de trois gravures sur bois, pouvant former un livre xylographié, livre fort mince il est vrai, puisqu'il n'aurait été formé que de six feuillets, mais auquel pouvait être originairement joint un texte manuscrit qui ne nous est pas parvenu.

Ces fragments ont été découverts en 1861, par M. Proth, archiviste de la ville de Metz, dans la reliure d'un registre des archives municipales. Ils ont fait le sujet de plusieurs communications et discussions au sein de la Société d'archéologie et d'histoire de la Moselle. Il en est question à diverses reprises dans son *Bulletin*, en 1861, 1862 et 1863, et nous empruntons à ce recueil la plupart des renseignements qui suivent.

Il a été fait une excellente reproduction de ces fragments par Pilinsky, et Vallet de Viriville y a joint le figuré du filigrane de l'original.

Les fragments retrouvés présentent trois guerriers et un fragment d'un quatrième. Ils sont en pied; au-dessous de chacun d'eux est un sixain de vers français gravés en beaux caractères gothiques. Les personnages sont Josué, David et Godefroy de Bouillon. Quant aux vers qui les accompagnent, ils sont :

*Pour Josué :*

> Des enfants d'Israel juge forment [1] ameis
> Quant Dieu fit par miracle le soleil areister
> Le fleuve Jordan partir et passay Rouge meir
> Les mescreans ne peurent contre moy dureir
> De XXXII royalmes fige les Roys tuéis
> XIIII$^c$ ans devant que Dieu fust neis.

---

1. Un autre lecteur donne : *juge comment ameis*, nous lirions plutôt *juge souvent ameis.*

*Pour David :*

> Je trouvay son de harpe et psalterion
> Et Golias tuay le grant gayant felon
> En plusieurs grans batailles, me tint-on
> Et après le Roy Saul je tins la region
> Et si prophetisay de Dieu l'annuntiation
> . . . . . (le dernier vers manque).

*Pour Godefroy de Bouillon :*

> Je fus duc de Lorraine après mes ancessours
> Et si tins de Bouillon les palais et les tours
> En plein de comeine desconfis la massour
> Le roi comeinarent ¹ occis par for atour
> Jerusalem conquis, Antyoche au retour
> Que fut XI° ans après nostre Seignour.

Chacun des personnages tient un écu à ses armes ; pour Josué, c'est le soleil ; pour David, la harpe. Pour Godefroy de Bouillon, l'écu est divisé en deux parties : sur la première se trouve, en chef, la couronne d'épines, au centre la bande chargée de trois alérions, en pointe les tours de Bouillon ; la seconde partie est chargée de la croix de Jérusalem.

Ces portions de gravures peuvent se compléter idéalement. Les trois personnages qui seuls nous sont parvenus font partie d'une série de neuf preux qui vont toujours ensemble et que l'on rencontre dans plusieurs monuments gravés ou sculptés ; ainsi le château de Coucy avait une salle des neuf preux décorée de leurs statues. La Bibliothèque nationale de Paris (ms. français, ancien fonds, n° 4985) possède un exemplaire complet représentant le même sujet, traité différemment et qu'il convient de comparer au nôtre. Il est placé dans le volume entre le texte manuscrit d'une *Généalogie des roys de France depuis le père du Roy S. Louys jusques au Roy Charles septiesme de son nom*, et les *Armoiries de la noblesse françoise* par Gilles le Bouvier, surnommé Berry, hérault d'armes de Charles VII. Cette série, gravée sur bois, est formée également de six pages (ou trois feuilles ouvertes) à raison d'un personnage et demi par page.

---

1. Un autre lecteur donne Coneinavent, nous lirions plutôt Cornemarent.

Ceux-ci sont représentés à cheval, tenant leur écu; chacun d'eux est placé sous une arcature gothique et accompagné d'un sixain. Ce sont Hector de Troyes, Alexandre le Grand, Jules César, représentants du paganisme; Josué, David, Judas Macchabée, héros du judaïsme; le roi Artus, Charlemagne et Godefroy de Bouillon, champions du christianisme. C'est une trilogie formée chacune de trois héros.

Voici les sixains qui accompagnent les trois personnages correspondant aux fragments de Metz.

*Pour Josué :*

> Des enfants d'Irael juge forment ames
> Dieu fit maintes vertus par moi, c'est verites
> La rouge meis parti, puis fut par moy passes
> Le flun Jourdain s'enfuit, maint paien affinez
> XXII rois conquis puis moru n'en doubtez
> XV<sup>e</sup> ans devant que Jhesus Crist fus nez.

*Pour David :*

> Je trouvai son de harpe et de psalterion
> Je tuai Golias le grant gaiant felon
> En bataille et ailleur me tint-on a preudhom
> Après le roi Saul maintins la region
> Et je prophetizai de Dieu la nacion
> Bien III<sup>c</sup> ans devant son incarnacion.

*Pour Godefroy de Bouillon :*

> Je fus duc de Bouillon dont je maintins l'ounour
> Por guerriers paiens je vendis ma tenour
> Ens es plaines de Surie je conquis l'aumachour
> Le roi cornumarant ochis en un astour
> Jerusalem conquis et le pais dentour
> Mors fu XI<sup>c</sup> ans après nostre Signour.

Les armes portées par ces neuf preux sont, pour Josué et David, comme dans la gravure de Metz; pour Godefroy de Bouillon, ils sont mi-partie à dextre de la croix de Jérusalem à quatre croisettes, à senestre de gueules avec la fasce d'argent de Bouillon et, en pointe, les trois tourteaux d'or de Boulogne.

Tout porte à croire que les fragments retrouvés à Metz faisaient partie d'un ensemble semblable à celui de Paris : la disposition des sujets, trois sur une feuille ouverte ou un et demi par page, les vers placés sous chaque personnage, les écus portés par chacun d'eux, tout cela correspond. Mais pourquoi l'écu et les vers de Godefroy de Bouillon sont-ils différents dans les deux exemplaires ? C'est ici que la nationalité de la gravure de Metz se dévoile. Il faut admettre qu'on se trouve en présence d'une œuvre lorraine ou faite pour la Lorraine. Comment expliquer autrement une falsification historique aussi manifeste que celle que l'on constate soit dans l'écu, soit dans le premier vers du sixain ? Car, enfin, jamais Godefroy de Bouillon n'a été duc de Lorraine, pas plus que ses ancêtres. Jamais non plus il n'a porté sur ses armes la bande chargée de trois alérions. Mais dans quel but a-t-on ainsi altéré la vérité ? C'est ce que plusieurs érudits ont recherché.

Avant de les suivre sur ce terrain, disons qu'au point de vue matériel, le volume de la reliure duquel a été retirée la gravure va de 1461 à 1464, et que l'examen attentif du volume a montré qu'il n'a été écrit qu'après avoir été relié. La reliure ne saurait donc être postérieure à 1461. D'autre part, la gravure n'était certainement pas une nouveauté quand elle a été utilisée par le relieur ; elle est donc très certainement antérieure, de quelques années au moins, à cette date de 1461. MM. de Braux et Cailly, en rappelant que l'introduction de la croix de Jérusalem dans les armes de Lorraine est due à René d'Anjou, qui commença de régner en 1431, fixent la date de la gravure entre 1431 et 1461. Ils émettent l'hypothèse qu'elle fut faite à l'occasion des indulgences accordées par le pape Eugène IV pour subvenir aux dépenses de la guerre contre les Turcs, soit aux environs de 1444.

M. van der Straten ferait remonter cette gravure plus haut encore, soit de 1418 à 1420, en s'appuyant sur une monnaie probablement frappée en 1421, lorsque Charles II devint tuteur de son gendre René.

M. de Bouteiller ne peut s'expliquer la double violation de la vérité historique commise par l'auteur de la gravure que par l'intérêt qu'avait Charles II à populariser la venue de son gendre René au trône de Lorraine, en montrant déjà dans le passé la réunion de ces deux blasons de Lorraine et de Jéru-

## — 18 —

salem dans la plus illustre figure de la croisade, dans le héros le
plus populaire du moyen âge, qui devenait alors, à double titre,
le prédécesseur de René et comme duc de Lorraine et comme
roi de Jérusalem. Il croit donc qu'on peut conclure définitive-
ment que la gravure de Metz est une œuvre lorraine et la date
de 1421 à 1430.

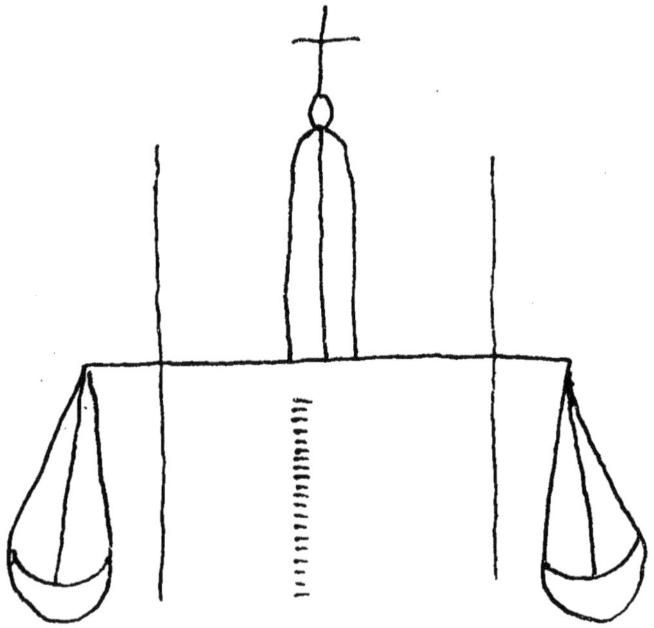

Enfin, Vallet de Viriville trouve que la date de 1450 est con-
forme aux inductions que fournit l'examen des fragments, con-
sidérés comme papier, sous le rapport de sa fabrication, et comme
monument, figuré sous le rapport du style et de l'aspect archéo-
logique. Quant au filigrane, dit-il, « c'est une balance dont le
support est une croix. Ce filigrane abonde dans les produits des
papeteries que les Pays-Bas, l'Allemagne (contrées voisines de
Metz) et l'Italie possédaient au moyen âge. Les fragments con-
servés à Metz nous paraissent être le produit de l'art ou de l'industrie locale et remonter à l'époque qu'on leur assigne, c'est-
à-dire de 1450 à 1460 environ. »

Ainsi les opinions varient et la date de la gravure serait de
1450-1460, selon Vallet de Viriville ;

De 1444 environ, selon MM. de Braux et Cailly ;

De 1421-1430, selon M. de Bouteiller ;

De 1418-1421, selon M. van der Straten.

Examinons maintenant les indications que nous fournira l'unique filigrane relevé sur un des fragments de la gravure.

La balance a été employée comme filigrane pendant près de deux siècles, et cela par plusieurs battoirs, en Italie, en France et en Alsace-Lorraine. On la trouve déjà en 1356, à Trévise, et elle était devenue banale dans les États de Venise à partir du dernier quart du xve siècle. Le papier à la balance, généralement enfermée dans un cercle, abonde dans les incunables de ce pays, ainsi que dans les régions qui s'approvisionnaient à Venise. Mais son emploi, si général dans le premier quart du xvie siècle, cesse très subitement, et nous n'en avons pas noté de spécimens après 1543. Dans l'Italie centrale, où l'on a parfois imité les marques vénitiennes, son emploi paraît avoir persisté plus longtemps. Zonghi en signale encore quelques variétés pour Fabriano, en 1549, 1550 et même 1562.

Ce qui précède montre qu'il ne suffit pas de parler du filigrane de la balance pour conclure à la provenance ou à la date du papier ainsi marqué. Il faut préciser. On peut, en effet, classer en une quinzaine de groupes et attribuer avec probabilité à autant de battoirs différents les nombreux types de la balance. Celui qui nous occupe est très caractérisé par la longueur anormale du fléau formé par un simple trait à chaque extrémité duquel trois attaches portent un plateau concave. Le support est terminé par un anneau. Telle est la balance dont nous possédons quarante-cinq calques notés dans une centaine de documents d'archives provenant d'Alsace (Saverne, 1415 ; Colmar, 1415 à 1428 ; Marbach, 1433), de Lorraine et Barrois (Dieuze, 1419-1423 ; Pont-à-Mousson, 1420-1424 à 1445 ; Gondrecourt, 1422 ; La Chaussée, 1423, 1429 et 1440 ; Bouconville, 1427 ; Bar-le-Duc, 1436 ; Longwy, 1445 ; Amance, 1478), de Metz et du pays messin, 1419 à 1464 ; de Luxembourg, 1413 à 1463 ; de Cologne, 1406 (?) à 1452 et même, dans une impression de Conrad de Hoembroch, de 1476 ; de Dusseldorf, 1415 à 1450 ; de Durlach, (Bade), 1419 ; de Middelbourg, 1438. Ajoutons encore que

Ch. Schmidt [1] l'a relevée à Strasbourg de 1416 à 1444 et années suivantes, que MM. Midoux et Matton [2] l'ont notée à La Fère en 1434, que Stoppelaar [3] l'a vue en Zélande en 1430 et 1432 et à Middelbourg en 1465, que M. Bodemann [4] enfin l'a signalée dans une impression de Cologne, de l'année 1477, où elle se trouve mêlée à douze autres filigranes de provenances très diverses.

Cette longue nomenclature montre que le battoir qui faisait le papier à cette variété si caractéristique de la balance était situé dans une région embrassant le Barrois, la Lorraine, le pays messin et le Luxembourg, bien que jusqu'ici on ne puisse pas le localiser d'une manière plus précise, et que son emploi constant s'étend de 1413 (peut-être même de 1406) à 1478.

Mais dans nos quarante-cinq calques de la balance à long fléau et dans les reproductions données par les quatre auteurs précités, on ne trouve jamais la petite croix qui surmonte le support. Cette variante, qui a été justement notée par Vallet de Viriville dans sa reproduction, est certainement rare et n'a dû être employée que pendant fort peu de temps. Or, cette variante, nous avons eu la bonne fortune de la rencontrer tout dernièrement à Cologne, aux archives municipales, dans les registres 20 et 21 des *Lettres écrites par le magistrat*, aux dates de 1451 et 1452.

Cela nous paraît trancher la question de la date de la gravure des Neuf preux de Metz et la placer vers 1451 ou 1452. Cette gravure est-elle postérieure à celle dont il a été question plus haut et qui se trouve dans le ms. fr. 4985 de la Bibliothèque nationale, comme le pense M. van der Straten? C'est un point difficile à trancher. Vallet de Viriville, qui a fait de ce manuscrit une étude spéciale, dit qu'il a été écrit de 1454 à 1458 et que la gravure a été reliée primitivement avec le volume ; il lui assigne donc une date antérieure à 1458.

Quoi qu'il en soit, les deux variétés de gravures des « Neuf preux » offrent un grand intérêt. Ce sont, sauf erreur, les deux

1. *Loc. cit.*, fil. n° 1.
2. *Loc. cit.*, fil. n° 178.
3. *Loc. cit.*, pl. III, fil. 4.
4. *Loc. cit.*, n° 16.

seules impressions xylographiques à texte français, et leur date, entre 1450 et 1458, leur assigne un rang des plus honorables dans ce genre de productions.

### III.

#### Grande vue, gravée sur bois, de Lubeck.

Notre troisième impression est une gravure sur bois représentant une vue de Lubeck de 12 pieds de long sur 2 pieds 7 pouces dé haut, soit 3ᵐ45 sur 0ᵐ75. L'original formé de 24 feuilles, 2 en hauteur et 12 en largeur, appartenait à T.-O. Weigel, de Leipzig, qui l'avait acheté en 1843, dans un lot de gravures mis en vente publique avec la bibliothèque du sénateur Moenckeberg (de Hambourg). Son nouveau propriétaire, ayant acquis la conviction que cette gravure était inconnue à Lubeck, et sans doute ailleurs, en a fait faire un excellent fac-similé. On n'y voit nulle part de nom ni de monogramme de graveur ou d'éditeur.

Il peut paraitre singulier qu'une estampe aussi considérable ait disparu au point qu'on n'en trouve plus qu'un seul exemplaire, mais Weigel rappelle un fait semblable. On connaît, dit-il, par un catalogue de Richeysen de 1766, une gravure sur bois de Hambourg (Amsterdam, P. Kaerius, 1619), de 7 pieds de long sur 2 de haut, qu'on n'a jamais retrouvée.

Quant à la date de notre gravure, l'auteur rappelle que Lubeck a possédé, dès le xvᵉ siècle, d'habiles graveurs sur bois, dont les imprimeurs de cette ville nous ont transmis les œuvres nombreuses. Sans remonter aussi loin, Weigel n'est pas éloigné de la croire antérieure à 1530, date de la Réforme, à cause du costume d'une femme ornée d'une couronne de roses et qui figure sur le dessin, car on suppose que la coutume de porter une couronne semblable a disparu avec la Réforme. En tous cas, il ne croit pas que cette estampe ait été exécutée après 1572, car à cette date on a une vue qui ne peut qu'être une copie de celle-là. Elle se trouve dans le premier volume des *Civitates orbis terrarum*, édité à Cologne par G. Braun et F. Hogenberg.

Le filigrane que Weigel a soigneusement fait reproduire sur son fac-similé représente les armoiries du Toggenbourg et n'est autre que le filigrane de la papeterie d'Ober-Krätzeren, dans le canton de Saint-Gall (Suisse). Nous en possédons plusieurs variétés assez dissemblables, dont la plus ancienne remonte à 1609. Celle qui ressemble le plus au dessin donné par Weigel

provient de Saint-Gall (archives municipales) et se trouve dans les protocoles du conseil (n°ˢ 68, 70 à 75) en 1610 et 1612 à 1617. Nous l'avons aussi rencontrée au Cercle de la librairie à Leipzig, dans la collection de papiers filigranés qui y est conservée, où elle est donnée à la date de 1610, mais de provenance non indiquée.

La papeterie d'Ober-Krätzeren a elle-même été construite en 1604, sous l'administration et aux frais de l'abbé Bernard II [1], auquel on doit d'autres entreprises industrielles et notamment l'établissement à Rorschach de fabriques de toiles.

---

1. Nous devons à l'obligeance de M. J. Dierauer, bibliothécaire de la ville de Saint-Gall, la note suivante tirée du vol. D. 879, fol. 143, des archives de l'abbaye :

« Item a. 1604 hab ich lassen die papyrmülli in der obern Kräzern von grund auf new erbawen und ist über solchen bau, sampt allem, was zu der papyrmülli gehört, gangen lautt sonderbaren rechnungen, 2768 fl. 6 kr. 9 d. »

L'exemplaire de la gravure représentant une vue de Lubeck n'est donc pas antérieur à 1610, en tous cas pas à 1604. Où l'impression de cette planche a-t-elle eu lieu ? C'est ce que le papier sur lequel elle est tirée ne saurait nous dire. Parti d'Ober-Krätzeren, il aura sans doute gagné le Rhin et aura suivi son cours jusqu'à Cologne, peut-être jusque dans les Pays-Bas, pour être employé peut-être à Amsterdam, peut-être plus loin, à Lubeck même.

Le papier a, de tout temps, beaucoup voyagé, et en changeant un seul mot, il pourrait dire avec la feuille desséchée d'Arnault :

> Je vais où le *flot* me mène,
> Sans me plaindre ni m'effrayer ;
> Je vais où va toute chose,
> Où va la feuille de rose
> Et la feuille de laurier.

BESANÇON. — IMP. ET STÉRÉOT. DE PAUL JACQUIN.

[illegible]